大展好書　好書大展
品嘗好書　冠群可期

大展好書　好書大展

品嘗好書‧冠群可期

武術秘本圖解 11

達摩派拳訣
——技擊秘法

原著　湯　顯
整理　三武組

大展出版社有限公司

三武挖整組
（排名不分先後）

【組長】

　　高　翔

【寫作組】

　　高　飛　　鄧方華　　閻　彬　　余　鶴

　　景樂強　　董國興　　陳　鋼　　范超強

　　趙義強　　謝靜超　　梁海龍　　郭佩佩

　　趙愛民　　黃守獻　　殷建偉　　黃婷婷

　　甘　泉　　侯　雯　　景海飛　　王松峰

【繪圖組】

　　高　紳　　黃冠杰　　劉　凱　　朱衍霖

　　黃　澳　　凌　召　　潘祝超　　徐　濤

　　李貢群　　李　劍

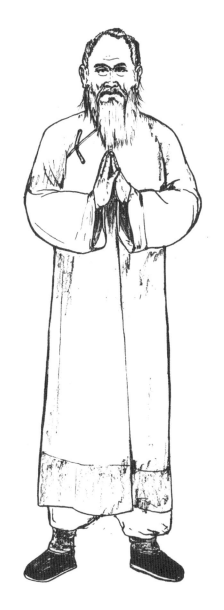

湯顯（1856—1938），又名湯鵬超，清末民初
著名武術家，擅長「達摩內功拳」，名震一時。

達摩一葦渡江。

湯顯自序

　　梁天監中，達摩師遺留「天竺易筋經」於嵩山少林寺，其僧徒演而習之，盡心推廣，代有傳人，遂成出群卓越之奇術。少林拳勢，區曰龍、虎、豹、鶴、蛇、猴，為其正宗；唯拳勢甚多，率大同而小異，均由少林派變化而來。故今人之論技擊者，必首推少林。

　　然我國技擊非自少林始也，嘗聞管子之為教也：「于子之鄉，有拳勇股肱之力、筋骨秀出于眾者，有則以告」，則其時主國而訓士，已重視斯術矣。夫技擊者，習手足、便器械、積機關，以立攻守之勝者也，自衛、衛國。

　　識者尚之不佞，究心是術，粗識大指，懼世之有志於斯而不得其門焉，則為之圖說。積久成編，匯而付梓，非敢曰著書，聊以為芻蕘之獻而已。

目 錄

目
錄

達摩派拳訣——技擊秘法

第一章

脫 手 法

脫手法，是拳術中很重要的法子。譬如遇到敵人的時候，把我的手握住，當時若用脫手法，即刻解脫。雖敵人氣力強健，亦不能堅持拉住；而且這個法子很巧妙，既可脫身，又可傷人，一舉兩得，豈不妙乎。

一、背 肘

【用法】

敵人雙手捧住我右手脈門。

（圖1-1）

圖1-1

右足上一步，
乘勢右手握拳，將
左手向上放下，握
住自己右拳，向胸
部扳攏。（圖1-2）

右肘向前抵住
敵人心窩，用力一
登，可以傷人。
（圖1-3）

捧住左手，與
前法同。

圖1-2

圖1-3

二、別 肘

【用法】

敵人右手四指向左，脈門向下，握住我左手脈門。（圖1-4）

圖1-4

左足上一步，乘勢右手向上放下，將敵人食指、中指，連自己脈門握住，向腰扳攏。（圖1-5）

圖1-5

左手肘抵住敵人右手下節，用力向下一壓，拗斷其右手骨。（圖1-6）

握住右手，與前法同。

圖1-6

三、登 肘

【用法】

敵人右手四指向右，脈門向下，握住我左手脈門。（圖1-7）

左足上一步，左手握拳，乘勢將右手握住自己左拳，向胸部扳攏。（圖1-8）

圖1-7

圖1-8

左手肘向前抵住敵人胸部一登，可以傷敵。（圖
1-9）

左手握住右手，與前法同。

圖1-9

四、金絲手

【用法】

敵人右手四指向右，脈門向下，握住我右手脈
門。（圖1-10）

右足退後一步，乘勢將左手放下，握住敵人食
指，併中指，連自己脈門，右手掌心向前，同時，將
右掌向右抵住敵人右手手腕。（圖1-11）

圖 1-10

圖 1-11

用力向下一壓，可以拗斷敵人右手腕，使我右手
腕脫出。（圖1-12）

左手握住右手，與前法同。

圖1-12

五、鐵絲手

【用法】

敵人右手脈門向下，握住我左手脈門。（圖1-
13）

左足上一步，乘勢將右手從下向上握住敵人四
指，連自己脈門。（圖1-14）

圖1-13

圖1-14

將左手掌心向裏，右手掌向左抵住敵人手腕，用力向下一壓，使敵人拇指滑出。（圖 1-15）

左手握住右手，與前法同。

圖 1-15

六、銀絲手

【用法】

敵人右手脈門向上，握住我右手脈門。（圖 1-16）

右手握拳，乘勢將左手從上放下，握住右拳。（圖 1-17）

圖1-16

圖1-17

向左一扳，右手拳心向內，兩拳同時放下，向左一挽，使敵人拇指滑出。（圖1-18）

左手握住右手，與前法相同。

圖1-18

七、拍球手

【用法】

敵人右手掌心相對，握住我四指，向上拗轉。（圖1-19）

右足退後一步，乘勢將左手手掌向上放下，搭自己右手背。（圖1-20）

圖1-19

圖1-20

兩手用力放下一拉，可以脫手。（圖1-21）

左手握住右手，四指向上拗轉，與前法同。

圖1-21

八、搭脈手

【用法】

敵人右手掌心向前，握住我右手，拇指向上拗轉。（圖1-22）

右足退後一步，乘勢將左手手掌向上放下，搭自己右手腕。（圖1-23）

圖1-22

圖1-23

用力向下一拉，可使拇指滑出。（圖1-24）

敵人握住左手拇指，向上拗轉，與前法同。

圖1-24

第二章

避　法

達摩派之躲避閃縮方法頗多，以下僅選擇其最緊要者幾種，學習拳術者，所不可不知者也。

一、夾　皮

【用法】

敵人左足上步，左手握住我胸部。（圖2-1）

圖2-1

　　兩足稍退，同時，右手食指拘攏，同拇指用力夾起敵人左臂膊伸筋之旁皮，使敵人痛不可忍，可以脫身。（圖2-2）

圖2-2

二、內 眠

【用法】

敵人跌腿打我下腳骨，將到。（圖2-3）

　　右足退後，乘勢左膝向內眠倒（俗名左足眠步），左手撳在右腳旁地上，右臂膀靠腰，雙眼看左。（圖2-4）

圖2-3

圖2-4

三、下 眠

【用法】

敵人右邊橫腿往我腰打來。（圖2-5）

圖2-5

　　左腳向左踏開二尺（1尺≈33.33公分，1寸≈3.33公分，後同），右膝乘勢向下眠倒，而兩手姿勢同上（名為右腳眠步）。（圖2-6）

圖 2-6

四、封腿

【用法】

敵人對我心窩穿腿打來。

（圖 2-7）

圖 2-7

左足退後，內功平馬勢，雙手向上、取中、搭下敵穿腿腳背（名為封腿）。（圖2-8）

圖2-8

五、右 眠

【用法】

敵人飛腿向我左打來，將到耳部。（圖2-9）

右腳向右踏開一尺，左膝乘勢向右眠倒，將左手撤在右足旁地上，右臂膀靠腰，兩眼看左。（圖2-10）

右飛腿打來，與上相同。

圖 2-9

圖 2-10

圖2-11

六、偷 腳

【用法】

敵人右腳著地來掃我左足。（圖2-11）

我提起左腳，從左向後踏下，併馬勢，雙臂膀靠腰，脈息相對，離開一尺，手心向外，眼突出，口離開，牙齒咬緊，作老虎開口姿勢，即能避之。（圖2-12）

左腳來掃右腳，與前法相同（名為偷腳）。

七、吞 法

【用法】

敵人左足上步，右手一拳向我左胸部打來。（圖

圖2-12

圖2-13

2-13）

　　用「哼」字音，我左腳退後，併馬勢，臂膀護

腰，脈息相對，離開一尺，掌心向外，怒目而視，離口露齒，作老虎開口姿勢（名為吞法），可避免拳傷。（圖2-14）

敵人左手一拳，從我右胸部打來，與前法相同。

圖2-14

【蛇音虎法】

氣功尚有所謂吐納五音者，其音與蛇相似。先用「喝」字音起首，後用五音，即「哼」「旭」「斯」「餘」「匣」五音是也。

斯五音者，「喝」「哼」「斯」「餘」為吞音，「旭」「匣」為吐音，合前擺馬勢，謂之「蛇音虎法」。

八、捎摘

【用法】

敵人雙拳往
我心窩打來。
（圖2-15）

圖2-15

用「哼」字音，我左腳退後，內功併馬勢，雙手
取中，自下向上，左右隔開雙拳（名為雙捎手）。敵
人身長，當用此法。（圖2-16）

圖2-16

倘身矮者，即當雙手向外提起，取中落下，摘開雙拳（名為雙摘手）。（圖2-17）

圖2-17

第三章

跌　法

　　以下幾種，係達摩派之跌法，習拳術者類皆知之，唯須練習純熟，舉動敏捷，庶臨機應用，克奏速效也。

一、猿猴獻果

【用法】

　　敵人未到之先，我右足上步，足尖向右橫踏，同時，左足上前踏出，鈎住敵人右足後跟（名為前墊步）。（圖3-1）

圖3-1

隨即將雙手從左往上、向右掠下，繞一半圓圈，抹敵人雙目，使其眼光昏花。（圖3-2）

乘勢雙手脈息併住，手掌做一個叉，托起其下顎。（圖3-3）

圖3-2

圖3-3

向上斜送，使敵人向
後跌倒。（圖3-4）

圖3-4

二、枯樹盤根

【用法】

敵人將到
身，我則雙手
集中向上、左
右一分，使敵
人眼花。（圖
3-5）

圖3-5

乘勢向下，右足向左跨轉一步，互相交叉，立刻蹲坐，雙手抱住敵人之足脛骨處，用力向裏一扳，使其向後跌倒。（圖3-6）

圖3-6

三、著地挖金磚

【用法】

敵人出拳，將要打到。（圖3-7）

圖3-7

我雙手向上集中
掠下，乘勢左足退後
下跪，雙手之食指、
中指，挖敵人鞋口。
（圖3-8）

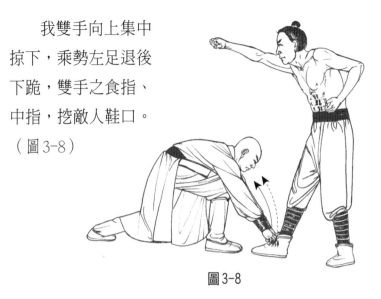

圖3-8

向裏挖起，使敵人向後跌倒。（圖3-9）

如穿靴者，可用雙手捧住敵人左足腳脛，向右托
起，使其向左跌倒。捧住右腳脛，與前法同。

圖3-9

四、金鈎釣魚

【用法】

敵人左足上步，

右手一掌。（圖3-10）

圖3-10

同時，右足上前鈎住敵人左足後跟，右手從下
而上，接住敵人右手脈門。（圖3-11）

圖3-11

左手一掌，打敵
人臂膀，使其向右斜
跌。（圖3-12）

圖3-12

五、遊僧背包

【用法】

敵人左足上
步，左手一掌打
來。（圖3-13）

圖3-13

同時，左手從下而上，接住敵人脈門，右手握
住臂膀，右足踏出敵人之前面。（圖3-14）

圖3-14

同時，將敵人
手骨向左扭轉，兩
臂相靠，將右肩抵
在敵人腋下。（圖
3-15）

圖3-15

用力背起，使其向前
甩出。（圖3-16）

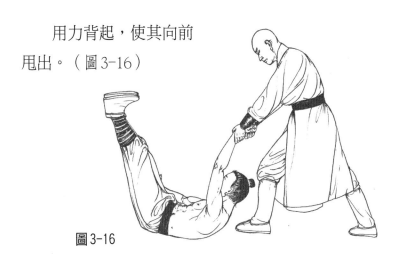

圖 3-16

六、仙人張傘

【用法】

敵人右足上步，右手一掌。（圖3-17）

圖 3-17

我右手握住
敵人脈門，左手
去托敵人肘下。
（圖3-18）

圖 3-18

左足前踏敵之
右足背，雙手向前
直送，使其向後跌
倒。（圖3-19）

圖 3-19

七、判官脫靴

【用法】

敵人打之未到。（圖3-20）

圖3-20

將右足上一步，足尖向右橫踏，同時，左足上前伸直，右足蹲倒。即前墊步插地龍。（圖3-21）

圖3-21

右手扳住敵人左足後跟或小腿，左手撤住大腿。（圖3-22）

於是將其足跟拔起，用力向前送出，使其向後跌倒。（圖3-23）

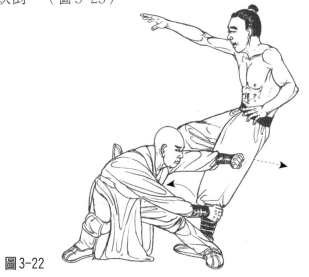

圖3-22

圖3-23

圖 3-24

八、猛虎背野豬

【用法】

敵人右足上步，右手向上打來。（圖 3-24）

我見勢身體下潛，同時，右足伸入敵人足巷。名為右足插地龍。（圖 3-25）

圖 3-25

圖3-26

圖3-27

右手握住其下陰左上拽起，左手向左拉下敵人右臂，致其向側跌出。（圖3-26）

九、霸王卸甲

【用法】

敵人從後走來抱住我雙臂。（圖3-27）

左肩向下一側，
同時，右足退後跪地
（用「餘」字音）在
敵人右足旁，右肩傾
下，右手撤地。（圖
3-28）

圖 3-28

臀部向敵
人丹田一突，
使敵人翻出。
（圖3-29）

圖 3-29

十、犀牛喘月

【用法】

敵人打之未到。（圖3-30）

圖3-30

　　我左足上步，足尖向左橫踏，同時，用右足向前踏出，進入敵人足巷。（圖3-31）

　　右手自右向上往前，繞一半圓形，用手背往敵人面部掠過，乘勢用拇指、食指叉托敵人下顎，並向上斜送，使敵人向後跌倒。（圖3-32）

圖 3-31

圖 3-32

達摩派拳訣——技擊秘法

第四章

打　法

此係內功達摩拳，其打法頗多，茲不過摘其最要者錄之。

一、斜風細雨用暗箭

【用法】

在敵人未到之時，我將氣納入丹田，用「哼」字音，乘勢將口中所有之風水氣同時吹出，使敵人雙目昏花。（圖4-1）

立刻將雙手手心向裏，四指向前，插入敵人胸前、橫膈膜。（圖4-2）

圖 4-1

圖 4-2

圖4-3

二、二龍搶珠

【用法】

在敵人將來之時，口中風水氣同時吹出。（圖4-3）

右足上步，右手二指（食指、中指）離開一寸，直取敵人雙目。（圖4-4）

圖4-4

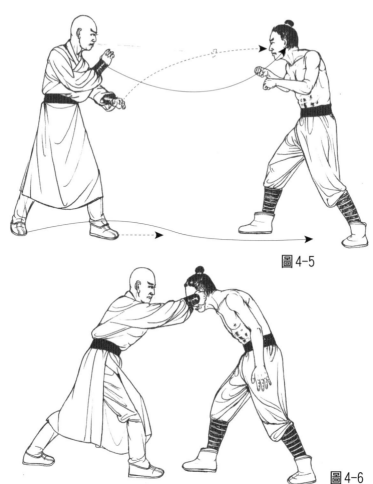

圖4-5

圖4-6

三、烏風進洞

【用法】

預先將口中風水氣吹出。（圖4-5）

　　右腳上步，右手之拇指與食指環成圈形，與左手掌同時，向前夾打敵人兩耳。（圖4-6）

圖4-7

四、老和尚托鉢

【用法】

敵人將到身
時，先將風水氣
同時吹出，使敵
人眼花。（圖
4-7）

右腳上步，
右拳從下向上，
脈門向左，肘
屈，用力打入敵
人下顎骨。（圖4-8）

圖4-8

圖4-9

五、雙龍入海

【用法】

先將口中風水氣同時吹出。（圖4-9）

左腳上步，雙拳向外，脈門向下，同時，夾打敵人太陽穴（額旁之左右穴，俗名太陽）。（圖4-10）

六、純陽穿劍

【用法】

敵人左腳上步，右手一拳。我左腳上步，左手自下挑上，擱住其小臂。（圖4-11）

圖4-10

圖4-11

圖4-12

乘勢用四指插入敵人右旁肋骨（肋骨共十二枝，插入在第四五肋之中）。（圖4-12）

如敵人以左手一拳，對待時，則易以左手，一如前法。

七、兩指點心

【用法】

敵人雙拳打來。（圖4-13）

我將左腳退後一步，作平馬勢，將右手兩指、食指中指併住，插敵心窩。（圖4-14）

圖4-13

圖4-14

圖 4-15

八、猴子摘桃

【用法】

敵人向前亂打。
（圖 4-15）

我將左腳退後伸
直，右腳向內釣攏，
著地坐倒（名為地盤
跌步），右手從下向
上拿住敵者睪丸，用
力向下一拉。（圖
4-16）

圖 4-16

九、猛虎磨齒

猛虎磨齒，即遊僧行禮。

【用法】

敵人右手握向我之胸部。（圖4-17）

我右手握拳，脈息向下，抵住左手掌心（用「哼」字音），左手四指向前，連拳依勢插入敵人心窩。（圖4-18）

圖4-17

圖4-18

圖4-19

十、純陽插腰劍

【用法】

敵人向我打來。（圖4-19）

我左腳退後，雙手掌心相對，四指向前插入敵人
腰部。（圖4-20）

十一、老虎出洞

【用法】

在敵人未到身之前，我右腳上一步，兩臂膊護
腰，脈門相對，距離一尺，將口中風水氣吹出。（圖
4-21）

圖4-20

圖4-21

兩足移步，上起雙手拈住敵之腹胃部或胸部。
（圖4-22）

隨即用力向左翻轉，致敵翻倒在地。（圖4-
23）

圖4-22

圖4-23

圖 4-24

十二、腳踏金磚

【用法】

敵人將到身前。

（圖 4-24）

右腳提起腳尖向
左，用足底向前踏敵
人腳面或腳腕（即小
腿與足聯絡之處）。

（圖 4-25）

圖 4-25

第五章

猴拳技擊法

　　俗語說「上打眉目天庭，下打腹部摘陰；縱跳如飛攻敵人，躲避閃縮要小心」，即指猴拳而言。

　　故猴拳，與普通拳法不同，只在乎拳法靈敏，不在乎拳打運氣，乃專用毒手以點睛、摘陰者。

一、猴子打花撩陰

【用法】

　　譬如有二敵先後打來。（圖5-1）

圖5-1

右足向右踏出一步，左手提上，至胸前放下，轉左反扎其陰。（圖5-2）

接著，用右扎手，自下向右斜上，打其心或下顎亦可。（圖5-3）

圖5-2

圖5-3

二、猴子挑擔

猴子挑擔，即一字手。

【用法】

若有二敵左右來打。（圖5-4）

圖5-4

右足向右踏出一步，雙手四指處中，向左右插其心，掌心向下，肘稍屈（用「餘」字訣）。（圖5-5）

圖5-5

三、猴子出洞

【用法】

周圍有敵，後方敵人趕先來推。（圖5-6）

依勢雙手連頭放地，向前用筋斗翻出，使其混亂。（圖5-7）

圖5-6

圖5-7

右足跪步，即將左手伸出，將前敵睾丸握住（用「餘」字訣）。（圖5-8）

趁勢將自己頭部，向他腋下鑽過，提足急速向前逃走。（圖5-9）

圖5-8

圖5-9

圖5-10

四、金雞啄腦

【用法】

敵人如右
方走來。（圖
5-10）

用「斯」
字訣，口中所
有風水氣吹
出，使其眼
花。（圖5-11）

圖5-11

圖5-12

即刻右手從左向右，用拇指、食指、中指撮其眼珠，或把指合攏插入眼井亦可。（圖5-12）

若左邊走來，則用左手，其法同。

五、猴子翻身

猴子翻身，即屈法。

【用法】

譬如敵人從面前猛力推來，難以抵敵。（圖5-13）

左足向左踏開一步，趁勢雙膝向內眠地，將身稍向後拗，兩手伸前握住其腹部或襠部。（圖5-14）

圖5-13

圖5-14

牙齒咬緊，依勢一搓（用「餘」字訣），用力向左右挖開，向前一推，連膝提起，彼必受傷也。（圖5-15）

此為內家屈法，在拳術中極為重要，唯學者，須於平時練習精熟，方能臨陣應付有效。

圖5-15

六、猴子摘燈

【用法】

譬如敵人面前相近。（圖5-16）

圖5-16

　　右足向前踏出
一步，作右箭馬，
身向右轉，雙手向
前斜上，用拇指、
食指、中指合攏，
插入其雙目。（圖
5-17）

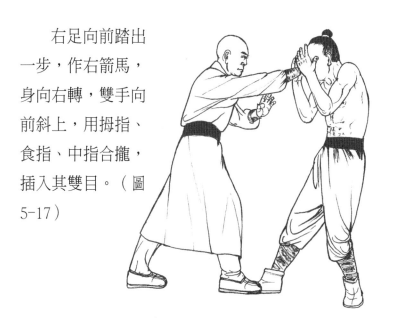

圖5-17

圖 5-18

七、猴子劈桃

【用法】

右手握住敵人睪
丸。（圖 5-18）

再用左掌向右拳
上一撳，名為猴子劈
桃。（圖 5-19）

圖 5-19

圖 5-20

八、猴子接桃

【用法】

於跪地時，適敵人近身來打。（圖5-20）

以左手伸出摘其陰，所以稱為猴子接桃。（圖5-21）

圖 5-21

九、穿 腿

穿腿，即猴子落山。

【用法】

敵人距身丈餘處。（圖5-22）

圖5-22

　　用挖沙步趕到敵旁，以左足向上一踢，假打其心，使其一驚。（圖5-23）

　　右足提起用足底向前穿出，打其胸部，即猴子落山。（圖5-24）

圖5-23

圖5-24

十、飛 腳

飛腳，即避刀腿。

【用法】

敵人手持一刀從後走來，將要近身。（圖5-25）

圖5-25

左足自左向右後、往上飛起，用足打敵手脈門。（圖5-26）

左足放下，即以右足向上飛起，用足打敵人之面頰可也。（圖5-27）

圖5-26

圖5-27

十一、猴子拿捉

【用法】

譬如敵人拳手亂打。（圖5-28）

圖5-28

　　稍退，左手四指向下、向外，用手背向左掠敵左拳，右手隨動。（圖5-29）

　　右掌向左攔敵右拳。（圖5-30）

圖5-29

圖5-30

圖5-31

倘若敵人右拳脈門向下來打，我則雙手將其右手拿住。（圖5-31）

雙手同時握緊，向右扭轉敵拳。（圖5-32）

譬如敵手四指朝上打來，右手掌心與敵掌相對握住其四指，左掌撳住其手背，用力向上拗轉。

此手法坐立都可練習。

十二、猴子拔仙草

【用法】

譬如敵人離開很遠。（圖5-33）

圖 5-32

圖 5-33

須右足向前跳上一步，依勢左足趕先跳上一步，即刻右膝跪地，同時，兩手自上落下，合握住敵人後跟。（圖5-34）

隨即，兩手拔起敵足，向前送出使之倒，時右膝提起，作箭馬。（圖5-35）

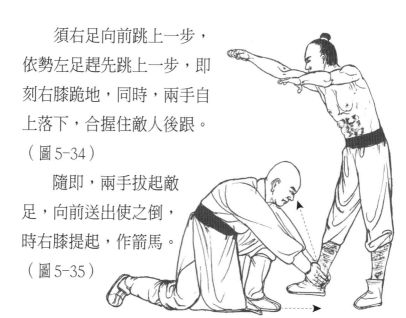

圖5-34

圖5-35

十三、猴子海底撈月

【用法】

譬如敵人周圍至身。（圖5-36）

右足跪步，用左手誘挖左前方敵之鞋口。（圖
5-37）

圖5-36

圖5-37

不停，隨即用右拳打敵睪丸。（圖5-38）

　　迅速轉身，左膝跪步，同時，右手自下向後握住右後方敵右足後跟。（圖5-39）

圖5-38

圖5-39

向右拉起，左手五指撮攏，用指尖打敵臀骨，或拳打亦可，此法震動腦子，使敵昏花。（圖5-40）

再復轉後方，打法同上，俗稱猴子遊園。

圖5-40

十四、金鈎釣蝦蟆

【用法】

敵人立在面前，似來非來。（圖5-41）

圖5-41

右手掌將左掌一搭，使敵人一驚。（圖5-42）

右足伸入敵前，同時，右手扣入敵人左邊腮內，用力握緊扭轉（用「餘」字音）。（圖5-43）

圖5-42

圖5-43

十五、鯉魚挖腮

【用法】

敵人立在面前，將要來打。（圖5-44）

圖5-44

左手提起防胸前，掌心向下，右手掌將左手背一搭，使敵人昏亂。（圖5-45）

即刻左手掌心向外，右手用拇指穿入敵人右邊腮內，用力握緊，向左扭轉（用「餘」字音）。（圖5-46）

圖5-45

圖5-46

第六章

龍拳技擊法

達摩派龍法，即外家龍拳。此拳為外家絕技，能用活法手腕，巧於自行退避，又能使敵人倒地而致受重傷，為對敵適用之拳法。

茲將種種技擊巧手名稱，略有舉例解注。

一、龍角拳

龍角拳，即變和合。

【用法】

敵人近面。

（圖6-1）

圖6-1

左拳假打其右耳，誘敵人雙目顧右。（圖6-2）

急起右拳，打其左耳。或右假左真。（圖6-3）

圖6-2

圖6-3

二、鳳尾手

鳳尾手，即打花。

【用法】

敵人追到面前。（圖6-4）

圖6-4

　　右手自下轉左、向上轉右，兩足向前踏出，左手自下轉右、向上轉左，使其混亂。（圖6-5）

　　即伸右足向前踏出，左手自下轉右、向上轉左，使其混亂。（圖6-6）

圖6-5

圖6-6

圖6-7

即伸左足向前踏出，右
手自下轉右、向上轉左，使
其混亂。（圖6-7）

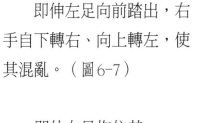

即伸右足拘住其
左足後跟，兩掌一齊
向其腰間直打，指尖
向前，致其重傷。
（圖6-8）

圖6-8

三、門 肘

【用法】

敵人右足上前，右手打來。（圖6-9）

圖6-9

左手自下向上，接住其脈門。（圖6-10）

我左手用力拉攏，左足向前拘住其右足後跟，同時，用肘向左打其胸部，使其向左一跌。（圖6-11）

圖6-10

圖6-11

四、烏風掃地

【用法】

敵人尚未近身。（圖6-12）

圖6-12

右足前上一步，足尖向右橫踏，屈右膝，左足向左伸直用勁向右掃敵人右足後跟。（圖6-13）

此法不練精熟，無能擅用，打拳的人，不可不知。

圖6-13

五、金童偷酒

【用法】

　　敵人向左變

後，已經近身。

（圖6-14）

圖6-14

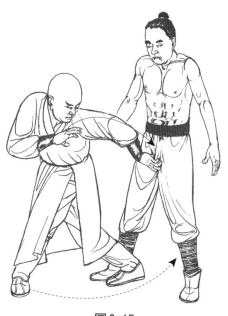

右足從左足後
向左跨過，兩腿交
叉，約離尺許，同
時，左手向下握住
其睪丸。（圖6-15）

依勢左足向左
踏出，作左箭馬，
用右手在左手上，
向下一撳，使敵受
傷。（圖6-16）

圖6-15

圖6-16

圖6-17

六、黃龍獻角

【用法】

譬如敵拳從
右上打來。（圖
6-17）

兩掌脈門交
叉，左外右內，
向右上架住敵
人。（圖6-18）

圖6-18

依勢用左足尖，
踢其足脛或睪丸。
（圖6-19）

七、左足跌步

【用法】

左足跌步用法，
分有五種。

(一)地 箭

敵人從左攻來，
勢力勇猛，難以回
手。（圖6-20）

圖6-19

圖6-20

達摩派拳訣——技擊秘法

用左足背拘敵人右足後跟，急屈膝。（圖6-21）

同時，右腳提起足尖向左從左膝後，用足底打其脛部。（圖6-22）

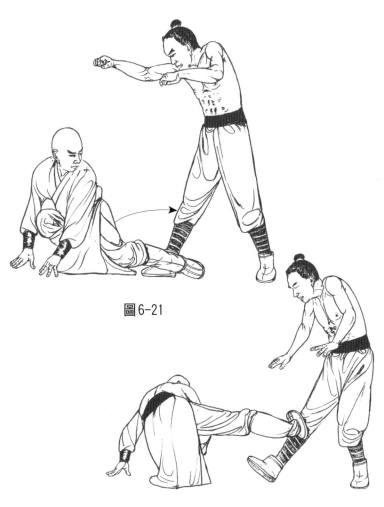

圖6-21

圖6-22

(二)鴛鴦腿

身坐地上，若敵人俯下來打。（圖6-23）

將身向左臥地，用右足背向右反拘敵人。（圖6-24）

圖6-23

圖6-24

手連身向左側轉，兩手向左撳地，用左足底向左撳地，用右足底打敵之腹或襠（即鴛鴦腿）。（圖6-25）

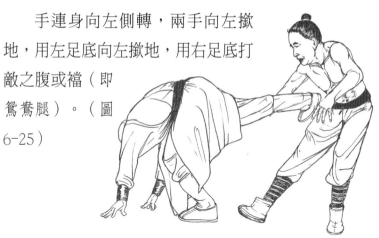

圖6-25

(三)鯉魚仰頭

右足放下伸直，成坐勢，若敵人從左來撳我頭部。（圖6-26）

圖6-26

將左拳伸上，
打其腹部或襠部
（即鯉魚仰頭）。
（圖6-27）

圖6-27

(四)挖金磚

或敵人踏在面前，可將兩手挖摳敵人鞋口。（圖
6-28）

圖6-28

向裏拉攏，致其後倒

（即挖金磚）。（圖6-29）

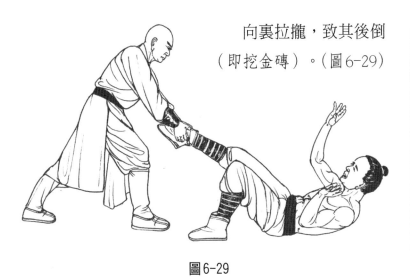

圖6-29

(五)撩 陰

或敵人在右方時，以右手伸上撩其陰，向內拉攏

（即撩陰）。（圖6-30）

圖6-30

然後左足進步
立起，致其襠部重
傷。（圖6-31）

此法宜單獨練
習精熟，方可應
用，學者不當吝惜
衣服，宜重視此法
也。

圖6-31

八、褪手躲步

【用法】

敵人右足上
前。（圖6-32）

圖6-32

右掌向上截住

其腕。（圖6-33）

圖6-33

用力拉攏，
同時，左足上
步，左手四指自
下向上插入敵人
腋下窩內，使其
受傷。（圖6-34）

圖6-34

119

圖6-35

九、打花掃地

【用法】

敵人向前打來。（圖6-35）

右足從右向左著地，掃其雙足。（圖6-36）

同時，雙手向上轉右，向右橫擊其腰部，使其向右一跌，而受重傷。（圖6-37）

圖6-36

圖6-37

十、拉牽鑽拳

【用法】

敵人走近面前。（圖6-38）

圖6-38

無論其打與不打，我迅疾左足上步作左箭馬，右手向前一拳。（圖6-39）

作平馬，左手向前一拳。（圖6-40）

圖6-39

圖6-40

再作左箭馬，右手再向前一拳。（圖6-41）
此三拳連打，使其措手不及。

圖6-41

第七章

鶴拳技擊法

達摩祖師，係東方第一高僧，本以慈善為主，無專技術之必要，所以精煉此技者，其意非他，不過用以防備不測耳。故祖師遇有危險急難時，初則不動聲色，及至不得已時，方施其術。所以，拳術一道，非學以亂施，不過於無可奈何中，聊以防敵耳。

一、仙鶴舞翼

【用法】

此法有兩種用處。

1. 敵人雙手向我胸部推來。（圖7-1）

對待方法：我用吞法，「哼」字訣，同時，雙手夾攏敵人手背，連自己胸部，猛力封住。（圖7-2）

圖 7-1

圖 7-2

自己身體，向前用力一屈（用「餘」字訣），使
敵人跪地，倘若不跪，勢必拗斷手腕。（圖7-3）

2. 或敵人手亂打。（圖7-4）

圖7-3

圖7-4

圖7-5

對待方法：我雙手夾攏胸前，用摘手法，向左右
敏捷摘開，可以無患矣。（圖7-5）

二、鶴舞雲霄

鶴舞雲霄，俗名撲虎彈爪。

【用法】

敵人從後打來。（圖7-6）

將身向前一屈，左足提起，用足底向後打其陰。
（圖7-7）

圖7-6

圖7-7

倘若被敵人雙手接住，我將自己雙手撤地。（圖 7-8）

再用右足底循左足打其脈門，可以打傷其手。（圖７９）

我以一足，敵可以接住，而雙足，雖其手力頗大，亦不能接住。

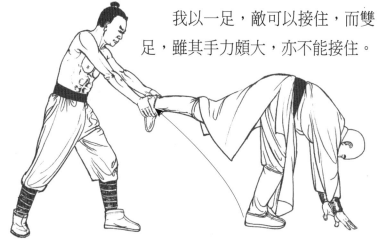

圖 7-8

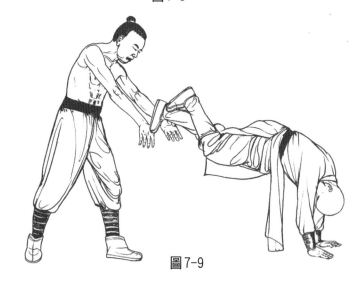

圖 7-9

三、鶴翼扇燈

【用法】

敵人將到身前。我雙手提起胸前，口中所有風水氣向前吹出（用「斯」字音），使其雙目昏花。（圖7-10）

圖7-10

圖7-11

同時，用手背向前甩其雙目。（圖7-11）

四、仙鶴定翼

【用法】

敵人從左方來時，將到身前。（圖7-12）

左手提起胸前，右手掌揚過左掌，用四指向前直穿其人咽喉。（圖7-13）

學者注意，右掌揚過左掌穿出，力大一半。敵人右方來時同上。

圖7-12

圖7-13

五、右挑掌

【用法】

敵人已經到身。（圖7-14）

圖7-14

　　左足退後作平馬，同時，右拳向上挑起抵住敵人腹部，脈門向左，肘靠腰。連拳帶身用力，向前送出，使其腹部受傷。（圖7-15）

六、懸崖拉馬

【用法】

敵人未到身。左足向前一步作平馬，左足先右足

圖7-15

圖7-16

後，同時，向前移步上去，把其右手脈門前握住。

（圖7-16）

隨即，用左手抓住其腕後拉。（圖7-17）

右肘用力從左撇下（用「餘」字訣），使敵人右肘骨折斷。（圖7-18）

左手伸前，將敵人左手脈門前握住同上。

圖7-17

圖7-18

圖 7-19

七、鶴爪扎索裙裏腿

【用法】

敵人未到身時，我
雙手伸前握住其兩手拉
攏。（圖7-19）

同時，右足膝提起
打其小肚。（圖7-20）

137

圖 7-20

不中，則用足尖向前打陰。（圖7-21）

圖7-21

八、黑虎偷心

【用法】

甲乙爭鬥，吾欲助甲時，可潛至乙之背後。（圖7-22）

用虎爪拳並擊，脈門向下，打其背心之中（用「匣」字訣），震動其人心窩，可以吐血。（圖7-23）

圖 7-22

圖 7-23

九、華佗接骨

【用法】

　　敵人不到我身之前，我兩足移步上去，左手伸前握住敵人右手脈門前，使敵人之脈門向上，右手掌從下向上托住其肘。（圖7-24）

圖7-24

140

　　隨即，左手撤下，右手用力托上，使其肘骨折斷。（圖7-25）

圖7-25

十、十字拳

【用法】

兩個敵人，左右走來。（圖7-26）

左足向前踏出，身向左轉，即刻將雙拳收攏，至腹部抵住，依勢向左右往下斜擊，打敵人小腹。（圖7-27）

達摩派拳訣──技擊秘法

圖7-26

142

圖7-27

十一、華佗診脈

華佗診脈，俗名抱孩。

【用法】

敵人右拳向我胸腔橫劈來。（圖 7-28）

圖 7-28

我右手提起胸前，掌心向外，將敵人脈門後握住，左手向上輔助。（圖 7-29）

稍扭轉抵住自己胸部，左腋下放在其肘上，右足向左跨開一步，同時，用力向下壓落（用「餘」字訣），使其肘骨拗斷。（圖 7-30）

達摩派拳訣——技擊秘法

圖 7-29

圖 7-30

學者參考用時，必須把一身之力放在肘上，就是敵人手力雖大，一時難以脫手。左拳橫劈來，同上。

圖 7-31

十二、背肘法

【用法】

敵人從後方走來，
已經到身。（圖 7-31）

右手握拳，左掌合
住自己右拳，左肘自下
靠腰，左足向左踏出作
平馬，同時，右肘向上
挑起打其心。（圖 7-32）

圖 7-32

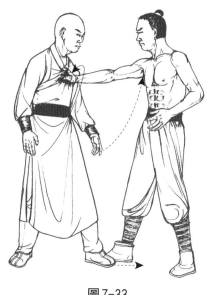

圖7-33

十三、李廣拉弓

【用法】

敵人右足上步，右手拿我胸部。（圖7-33）

右手提起，握住其脈門，左足向前踏上一步作平馬，將左掌指插入其右腋下窩內。隨即，左手拉攏，左掌指用力鑽入。（圖7-34）

十四、仙鶴張口

【用法】

於敵人未近身時，右足上步作平馬，右手平膝，

圖7-34

圖7-35

掌心向上，左手提起平額，掌心向下，兩手脈門斜
對。右足前左足後，同時，移步向前上去。（圖
7-35）

147

該時此法有三種變化，述之如下。

1. 左手向前一伸，誘敵人觀上，右手下底摘陰。
（圖 7-36）

圖 7-36

2. 先用右手向前，假摘其陰，以驚敵人觀下，速以左手伸前，拇指入其鼻孔，或以食指、中指入其雙目用力挖攏。（圖 7-37）

3. 第一與第二兩手同施。（圖 7-38）

圖 7-37

圖 7-38

圖7-39

十五、一字拳

一字拳，俗名扁擔拳。

【用法】

兩個敵人，左右走來。（圖7-39）

用雙拳提起，抵住胸前，脈門向下，依勢將雙拳
向上、往左右甩出，打其襠門，脈門向上。（圖7-40）

十六、登 肘

【用法】

敵人左足上步，左手向前來拿。（圖7-41）

圖 7-40

圖 7-41

我左手提起，先攔後抓。（圖7-42）

圖7-42

右足跨上一步，右手屈肘，拳抵自己胸部，用肘抵住其腋下窩中，同時，左手拉攏，右肘向窩中一登，則敵人必受重傷。（圖7-43）

圖7-43

十七、美人照鏡裙裏腿

【用法】

敵人右足上步，右手向前來拿。（圖7-44）

圖7-44

右手提起，掌心向外，反接住其脈門，向右拉轉，同時，左掌或左肘搭壓其臂膀。（圖7-45）

敵人向右一側時，同時，左足從左提起，用足尖向右橫打其尾臀骨，使其震動腦筋，昏暈不察。（圖7-46）

從前的女人，多以練這裙裏腿，其鞋頭裏都是用銅皮包成，所以能傷敵人。

圖7-45

圖7-46

十八、武松掇窗

武松掇窗，俗名卵肘法。

【用法】

敵人兩手舉起來劈我或抓我雙肩。（圖7-47）

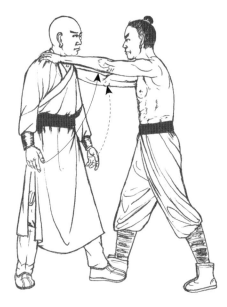

圖7-47

兩手同時托住其兩肘。（圖7-48）

圖7-48

圖7-49

左足跨入其足巷，將自己兩肘向前抵住其乳下，將肘用力向前送出，使其胸部受傷。（圖7-49）

十九、金鉤套索

【用法】

敵人右足上步，右拳打來，勢力重大。（圖7-50）

右足退後作平馬，同時，右手提起，反接住其脈門。（圖7-51）

圖 7-50

圖 7-51

圖7-52

用左手掌撳住其肘上，依勢兩手用力向後一拉，
使其跌跤。倘若不跌，亦可折斷其肘骨。（圖7-52）

敵人左足上步，左手一拳打來，其法同上。

二十、鶴爪扎腰

【用法】

敵人已經到身。

右足上一步作平馬，兩手伸前，握住敵人腰間衣
服。（圖7-53）

乘勢用拳抵住腰骨縫內，用力一碰（用「餘」字
訣）。（圖7-54）

圖7-53

圖7-54

　　唯和尚用此法，嘴裏說「阿彌陀佛，老相公饒
命」，而心中頗急，非用殺手不可。

國家圖書館出版品預行編目資料

達摩派拳訣——技擊秘法／湯　顯　原著　三武組　整理
——初版，——臺北市，大展，2020〔民109.10〕
面；21公分 ——（武術秘本圖解；11）
ISBN 978－986－346－311－5（平裝）

1. 拳術　　2. 中國

528.97　　　　　　　　　　　　　　　　　109011784

達摩派拳訣——技擊秘法

原　　著／湯　　顯
整　　理／三　武　組
責任編輯／何　宗　華
發 行 人／蔡　森　明
出 版 者／大展出版社有限公司
社　　址／台北市北投區（石牌）致遠一路2段12巷1號
電　　話／（02）28236031・28236033・28233123
傳　　眞／（02）28272069
郵政劃撥／01669551
網　　址／www.dah-jaan.com.tw
E - mail／service@dah-jaan.com.tw
登 記 證／局版臺業字第2171號
承 印 者／傳興印刷有限公司
裝　　訂／佳昇興業有限公司
排 版 者／弘益電腦排版有限公司
授 權 者／安徽科學技術出版社
初版1刷／2020年（民109）10月

定　價／220元

大展好書　好書大展
品嘗好書　冠群可期

大展好書　好書大展

品嘗好書　冠群可期